L' Informatica per tutti

L' E-LEARNING VERSO L' INCLUSIONE SOCIALE

" L' utilizzo dell' e-learning come leva per la diffusione della cultura"

Vincenzo G. Calabrò

L' E-LEARNING VERSO
L' INCLUSIONE SOCIALE

Autore: Vincenzo G. Calabrò

2007 © Lulu Editore

ISBN 978-1-4461-2539-7

Novembre 2010 Seconda edizione

Distribuito e stampato da:

Lulu Press, Inc.

3101 Hillsborough Street

Raleigh, NC 27607

USA

INDICE

a Roberto

INTRODUZIONE

L' obiettivo di questo documento è quello di presentare e raccogliere elementi per riflettere e sensibilizzare l' avvio di un' inclusione sociale sull' *e-learning* all' interno dell' UE., ovvero una società equamente informata, con comunità che abbiamo dimensioni culturali, sociali e politiche. Se desideriamo una società informata che sia realmente inclusa, le tecnologie digitali dovrebbero essere presentate con un loro valore incluso, come strumenti sociali capaci di migliorare la partecipazione democratica e la vita della persone.

Lo sviluppo di Internet e di altre tecnologie ha portato ad un enorme sviluppo di opportunità di insegnamento e apprendimento al di fuori dell'aula tradizionale. Negli ultimi dieci anni, internet ha portato la formazione "*on line*" (in linea) che offre molti vantaggi: è disponibile a qualsiasi ora del giorno e può essere utilizzata da qualsiasi parte del mondo. Chiaramente, la formazione in linea o distribuita, offre delle enormi potenzialità di incremento della formazione, nella disponibilità e nella convenienza. Se inoltre le tecnologie utilizzate per la formazione distribuita sono rese universalmente accessibili, si avrà la possibilità di raggiungere una percentuale significativa di utenti con disabilità.

Così come accade per altri tipi di prodotti e tecnologie, incluse quelle utilizzate per la formazione distribuita, le persone con disabilità possono essere involontariamente escluse se l'accessibilità non è considerata e integrata nei prodotti e nelle tecnologie. Se non vengono prese delle misure per integrare l'accessibilità nella formazione distribuita, gli utenti con disabilità possono essere esclusi dai molti benefici offerti dalle tecnologie in linea. Tuttavia, l'accessibilità non riguarda esclusivamente le persone con disabilità. Le potenzialità della formazione in linea distribuita è incrementata quando gli sviluppatori abbracciano la più ampia gamma possibile di modalità di formazione, preferenze ed abilità.

Lo sviluppo accessibile garantisce una vasta gamma di discenti, maggiori opzioni e maggiore flessibilità nella formazione. Le strategie di sviluppo inclusivo, conosciute anche come "sviluppo universale", possono contribuire a soddisfare le differenti necessità e limitazioni degli utenti finali, comprese le limitazioni dovute alla disponibilità di alimentazione elettrica per il computer e la larghezza di banda disponibile. Lo sviluppo universale può rendere accessibile i sistemi indipendenti per la formazione, i sistemi di formazione basata sul *web* nonché gli altri contenuti ad un maggior numero di utenti, incluse le persone con disabilità. Presentando inoltre il materiale formativo in diversi formati si avranno anche benefici per coloro che utilizzano diverse modalità per fruire della formazione (visivo, uditivo, tattile) e si consentirà agli utenti di apprendere nella modalità preferita.

LO STATO DELL' ARTE SULL' E-LEARNING E SULL' INCLUSIONE DIGITALE

L' elaborazione dati, la multimedialità e Internet (un insieme di protocolli e applicazioni) sono tecniche organizzate e usate dall' uomo. Sono impiegate e usate in un determinato contesto sociale. Ad ogni modo Internet è un' applicazione tecnica, riguarda le modalità di comunicazione tra le persone, così come la circolazione delle informazioni, la memorizzazione, la condivisione e l' accessibilità. In definitiva, internet è una tecnica flessibile che può essere diffusa, imparata, trasformata e adattata in tempi relativamente brevi. La sua evoluzione può cambiare velocemente in direzioni impreviste: come tutte le tecniche, incluse socialmente, può contribuire ad alleviare o a generare nuove ineguaglianze. In questo senso le tecnologie d' informazione e di comunicazione (d' ora in poi, TIC) sono spesso presentate come possibili mezzi per ridurre le disparità perché permettono nuovi modelli di comunicazione e organizzazione. I gruppi minoritari hanno già mostrato la capacità di utilizzare internet per sviluppare le loro capacità. E' allora attrattivo credere che la tecnologia ridurrà le disparità. Ma le disparità di accessibilità ed uso osservate sono la continuazione di divari sociali pre-esistenti. Ora, in una società basata sull' informazione, la distribuzione non omogenea di internet rischia di incrementare le disparità sociali ed economiche. Il concetto di "divario digitale" denota che vi è una disparità in termini di accesso al canale dell' informazione e al successivo uso delle TIC. Il divario riflette la distorsione sulla ripartizione delle risorse tra nazioni, individui e comunità. Semplicemente tra chi possiede la capacità ed i mezzi per l' acquisto di un *software* e di un *hardware*, chi ha la necessaria infrastruttura ed altri elementi necessari per impiegare le tecnologie d' informazioni e di comunicazione al massimo, e chi ha la conoscenza e le capacità di usarla propriamente. Molte delle misure relative al divario digitale si riferiscono all' attrezzatura e all' accesso ad Internet. Non si preoccupano dell' utilizzo né della qualità di questo. Se l'accesso all'infrastruttura e agli strumenti (non necessariamente a casa propria) può essere considerato un diritto del cittadino, è necessario andare oltre. La divisione digitale è un fenomeno multidimensionale che include diversi svantaggi. Molti di questi – e molto importanti – sono essenzialmente mentali, così l'istruzione e la formazione sono le strategie migliori per eliminare questi problemi. Alcuni di questi, come la mancanza di fiducia o di motivazione appartengono al fruitore, ma ci sono anche barriere incluse nella produzione dei sistemi di *e-learning*, come i metodi convenzionali, le tecnologie non adattabili, la mancanza di un contesto adatto e metodi generici che non prestano l'attenzione adeguata ai contesti sociali e culturali. Oltre questa conosciuta e misurata divisione digitale è molto importante dividere quali sono riposte nella qualità di utilizzo delle TIC e nella capacità di sapersi muovere a livello informatico, selezionare e produrre informazioni in modo da impararle permanentemente e svolgere un ruolo attivo nella società di informazioni. Queste capacità sono fattori indispensabili per un successo professionale e per uno sviluppo personale. L'inclusione digitale significa prestare attenzione adeguata ai contesti sociali e culturali e non soltanto insegnare alle persone come navigare nel *web* o come inviare *e-mail*. Questi sono soltanto i blocchi base della costruzione. Dobbiamo fare molto più di questo per assicurare che le persone escluse possano usare le TIC per espandere le loro funzionalità e capacità, per dare potere a se stessi e auspicarsi una vita migliore. Per concludere, sta diventando anche chiaro che la piccola comunità e le associazioni volontarie di attori locali che si occupano di queste esclusioni sociali sono anche in pericolo di esclusione dalla società di informazioni per diversi motivi, compresi la legge e i finanziamenti incerti, sia per la mancanza di consapevolezza delle opportunità offerte da queste tecnologie e sia per la carenza di esperienza tecnica.

DIVARI OSSERVATI NELL' ACCESSO E ALL' USO

L' accesso ad Internet e l'uso dell' informatica cresce con il livello di istruzione, lo stato sociale e professionale e il reddito. Gli uomini si collegano di più delle donne, le famiglie con bambini più delle donne sole e le città più delle zone rurali. Gli immigranti, i gruppi etnici ed i gruppi minori si collegano meno. I Paesi meno avanzati hanno inoltre meno accesso al Internet (ed un accesso più costoso). Abbiamo una mancanza di analisi precise sulle relazioni fra questi fattori, il loro relativo peso e gli effetti cumulativi. In ogni categoria, gli anziani sono quelli che usano al minimo le TIC (ma in alcuni Paesi dell'U.E. sono anche i più poveri, il minimo istruiti e principalmente vivono nelle zone rurali).

Queste differenze di accessibilità e di capacità tecnica e di attrezzature telematiche conduce ad un'analisi d' utilizzo: usiamo internet se sappiamo che possiamo trarne beneficio nel quotidiano. È il contesto professionale o scolastico o universitario che genera il primo utilizzo. Così coloro che sono professionalmente esclusi, perché si ritraggono o per altri motivi (disabili, disoccupati, ecc.) incontrano anche più rischi di essere esclusi dalle TIC. Se l'uso di Internet è principalmente collegato al lavoro, si è integrato nella sfera domestica e nella vita quotidiana. Più diffuso è l'uso dell' *e-mail*, inizialmente per scopi professionali o pratici, ma anche per mantenersi in contatto con la famiglia e gli amici. L'uso di gruppi di discussione e *forum*, molto importanti quantitativamente e qualitativamente all'inizio dell'utilizzo popolare di internet, dopo il *boom* iniziale oggi è decisamente diminuito. La dimensione collettiva di Internet che avvantaggia così i diversi rapporti (l'individuo con la sua famiglia, l'individuo e la sua rete sociale, l'individuo e la sua rete professionale) tende ad attenuarsi. Questo è legato al " consumismo" piuttosto che ad un comportamento produttivo. Gli utenti di internet interagiscono con i rapporti a loro più vicini; oltre a questo, consumano risorse e servizi. Le caratteristiche legate ai fattori di libertà e di pari opportunità presenti nella creazione di internet si indeboliscono a favore di una struttura commerciale. Una rete reale in cui ogni utente è produttore di informazioni si sta trasformando in una rete che funziona sempre più in modo telematico attraverso le varie modalità di comunicazione informatiche come dimostra il consumo asimmetrico di internet a banda larga. Questo sviluppo individualistico, riflette le pratiche sociali dominanti, mantenendo l'esclusione. Gli esclusi sociali sono coloro che hanno maggiori difficoltà nel trovare contenuti adattati ai loro bisogni (e voleri) perché nessuno li produce per loro, e così hanno poca motivazione all' accedervi, diventando quindi esclusi socialmente. Tuttavia, possiamo osservare che, sotto gli effetti combinati delle politiche pubbliche, degli sviluppi tecnici e della riduzione dei costi, le differenze fra ciascuno di questi elementi della divisione digitale (età, sesso, origine, ecc.) si possono ridurre. Così negli Stati Uniti per esempio, non ci sono quasi più differenze all'accesso fra uomini e donne.

IL DIVARIO DIGITALE NON È INEVITABILE

Le politiche di accompagnamento, tramite l' istruzione e la formazione, devono concentrare i loro sforzi sullo sviluppo dell' *empowerment* fra tutti i gruppi sociali; altrimenti, soltanto le famiglie appartenenti alle classi dominanti continueranno a tramandare queste capacità ai loro figli. Per raggiungere questo obiettivo, è necessario instaurare azioni reali di formazione che superino la scoperta delle caratteristiche di strumenti specifici. Una cosa è imparare ad usare un *browser*, un' altra cosa è imparare a trovare informazioni rilevanti in breve tempo e poter partecipare a distanza ad un progetto di collaborazione. Confondere questi obiettivi è come imparare ad usare un *software* di elaborazione testi invece di imparare a scrivere. Gli strumenti dei *software* sono adattati molto raramente all'utente ed i commercianti propongono sempre nuove versioni. Questo è di fatto un fattore generato dallo strumento. Più apparteniamo ad un gruppo discriminato (per esempio persone con disabilità, problemi cognitivi o capacità deboli di astrazione), meno si è stati esposti a queste tecniche; imparare i segreti per usare le TIC sarà lungo e non sempre si avrà il tempo necessario, le energie e le capacità cognitive per sviluppare un uso intelligente e positivo dello strumento. L' *e-learning* non deve limitarsi alla formazione *on-line* organizzata da/per le università o le grandi aziende. Non deve essere soltanto centrata sugli allievi manageriali e sull' incremento della formazione aziendale sulla clientela. Nello sviluppare i moduli e i progetti *e-learning* dobbiamo assicurarci che tutti i gruppi sociali abbiano accesso alle tecniche, per dare ad ognuno i mezzi per usare le TIC per uno sviluppo personale e professionale, e per imparare in una società di informazioni.

IL QUADRO FUTURO. E-LEARNING SOCIALE

Dopo un' analisi attenta delle reali prassi di *e-learning* per *e-inclusion,* sono state individuate le seguenti sei aree chiave quali buoni punti di partenza sia per un' implementazione che per un' ulteriore ricerca:

I. Soluzioni sociali per problemi sociali

Le pratiche sociali interagiscono con la tecnologia, e l' una influenza l'altra. Se si desidera avere una società di informazioni realmente inclusa, si devono individuare i problemi sociali che hanno portato le persone ad essere escluse digitalmente, e non soltanto considerare quelle derivanti da una mancanza di capacità strutturali. Quando si parla di divisione digitale, si tiene presente che non tutti sono stati creati uguali. C' è una differenza qualitativamente importante fra qualcuno che è già escluso e necessita di capire ed usare le TIC e qualcuno che abbia soltanto il bisogno di alcune conoscenze formali per rientrarvi. Questo è un principio generale che si pensa di dover diffondere per qualunque tipo di strategia di *e-learning* verso un' *e-inclusion*. Altrimenti potrebbe trasformarsi in totale fallimento.

II. Comunità e consapevolezza

Le comunità d' apprendimento sono un tema scottante ancora oggi. Tuttavia, sono principalmente osservate come semplici concetti strumentali per migliorare l' apprendimento. Di nuovo, questo è utile, ma non è ancora abbastanza. Le TIC ci offrono meravigliosi *software* sociali che possono essere usati in modo originale per aiutare le reali comunità ad espandere i loro orizzonti politici, sociali e culturali. Le comunità isolate possono usare le tecnologie digitali per farsi conoscere meglio ed essere rispettate nella nostra società. I membri dispersi di una comunità possono utilizzare diversi strumenti digitali per mantenersi in contatto e continuare a sviluppare il loro stile di vita e la propria cultura. Si deve anche tenere presente tutto il potere della conoscenza riposto in internet per descrivere e combattere l'esclusione sociale. Questa strategia è chiave quando si considerano le comunità rurali isolate e i migranti che lavorano lontano dalle loro case, ma possono anche diventare una (misura) importante per combattere il sessismo nel mondo dei computer ed aiutare le donne a rientrarvi e trasformare le TIC.

III. Verso un PC trasparente

I personal computer ed i *software* ottengono molti miglioramenti e nuove caratteristiche ogni anno e quindi diventano più difficili da usare. Ciò può essere ottimo per gli utenti che hanno familiarità con le TIC, tuttavia, rende ogni anno le cose più difficili per le persone escluse digitalmente, specialmente quando parliamo di anziani o persone disabili. Si deve, quindi, far sì che le strategie e le tecnologie divengano più intuitive e facili da usare. Una macchina fotografica o un' automobile sono tecnologie ragionevolmente intuitive. Per fare una fotografia, basta dirigere la macchina fotografica verso il posto che desideriamo e premere un tasto. Se desideriamo girare a destra, basta girare il volante a destra. Perché le TIC non possono essere così?

IV. Metodologia di risoluzione dei problemi di e-learning

Poiché il *target* ha bisogni specifici, si devono evitare gli intellettualismi e costruire materiali di *e-learning* che siano utili, pratici e che diano motivazione. Questo implica certamente qualcosa che solitamente viene trascurato quando si pensa alle strategie di *elearning*: il contesto sociale e culturale specifico. La mancanza di fiducia e di motivazione sono barriere importanti per una *e-inclusion*. Non si attrverseranno mai queste porte se si creano soltanto i tipici corsi " *how-to*" . Inoltre, la società di informazioni diventa più competitiva. In pochi anni, non farà alcuna differenza nel mercato del lavoro sapere usare soltanto un programma di testi o l' *e-mail*. Questa è un' altra ragione per cercare una metodologia di risoluzione dei problemi. Un corso generale su come usare i diversi *software* grafici può essere utile, ma è sicuramente migliore attivare un corso di risoluzione dei problemi su come fare, che è anche un' ottima occasione di lavoro per giovani disoccupati in una società in continua trasformazione.

V. *Internet per tutti*

Le tecnologie dei *software* sono abbastanza plastiche da essere adattate ad ogni bisogno specifico che potrebbe avere uno speciale collettivo: il contenuto può essere adattato a qualunque tipo di disabilità cognitiva, sensoriale o fisica. Purtroppo, molte poche aziende, amministrazioni o individui usano questa caratteristica. Dobbiamo far conoscere questo argomento fra i produttori di *hardware* e *software*, *web designer* ed educatori. Nell'accedere alla cultura, le barriere fisiche come la distanza o l'architettura sono una sfida per le persone con problemi di mobilità. I libri non sono utili alle persone con difficoltà visive. È una vergogna che la maggior parte dei prodotti culturali digitali, che possono evitare facilmente queste barriere, non siano realmente adattati ai bisogni di queste persone.

Quando parliamo di e-inclusione, superare le barriere mentali è importante quanto risolvere la mancanza di accessibilità alle reti e alle relative attrezzature. La divisione digitale non è soltanto tecnologica, è anche mentale. Considerata la mancanza di un' analisi precisa sui collegamenti esistenti tra i fattori di esclusione e su come siano correlati alle TIC, la ricerca diventa fondamentale. C' è la chiara necessità di finanziare programmi di ricerca che ci aiutino a capire i diversi gruppi esclusi e se questi bisogni differiscono in base all'età, all' etnia o al genere.

A parte i risultati promessi, quando si parla di disabili, è ancora necessaria un' ulteriore ricerca. Per esempio, abbiamo bisogno di individuare quali siano le zone ad alto rischio, evitare un approccio generico e cercare soluzioni mirate a disabilità specifiche.

Un classico approccio che insista sull'importanza delle TIC nel luogo di lavoro probabilmente non è abbastanza. Le tecnologie digitali devono essere presentate alle persone escluse come qualcosa di attrattivo; il divertimento nell' utilizzo è inoltre la chiave per evitare la mancanza di motivazione.

Un ottimo strumento per motivare è anche il collegando delle TIC con la cultura e lo stato sociale ma è importante non abusarne. I gruppi *target* non dovrebbero mai avere l'impressione che non ci sia vita al di fuori di Internet.

C' è un'immagine simbolica positiva collegata all'uso e alla padronanza delle TIC. L'accesso e il controllo (anche ad un livello modesto) delle TIC è sinonimo di integrazione. Questo insieme di valori può essere usato formando sia studenti che formatori. Difendiamo un modello di *e-learning* che sia partecipativo, creato " *peer to peer*" e misto.

Partecipativo: non definire le interfacce a priori, basate su modelli predefiniti. Permettere dall' inizio il coinvolgimento del fruitore nel funzionamento del sistema in modo da vedere cosa funziona e cosa no.

Educazione tra pari: è stato anche testato diverse volte e sembra avere effetti motivazionali favorire l' accesso delle persone giovani e degli studenti a incoraggiare i più giovani e gli altri studenti a diventare i futuri formatori. Vedendo che i formatori " *peer*" sono stati in grado dopo tutto di imparare le basi delle TIC e inoltre sono capaci di insegnarle, si facilita negli allievi più confidenza e motivazione.

Misto: quando parliamo di inclusione sociale, l' utilizzo di un metodo misto (unire l' uso del computer con l'interazione diretta di un insegnante) aumenta molto più la possibilità di successo rispetto ad approcci con metodi classici di *e-learning*. Il contatto personale con gli educatori è chiave quando lavorare con il computer diventa più complesso e rende immotivati.

Non si dovrebbe dimenticare che, malgrado i nostri migliori sforzi, non tutti attualmente sono in grado di inserirsi nella società di informazioni. Le politiche e le strategie d'inclusione dovrebbero permettere anche uno sviluppo completo delle persone che a causa della situazione economica, fisica o per disabilità cognitiva, isolamento, e così via non sono e non saranno per nulla in grado di fruire delle TIC.

Di conseguenza le TIC sono strumenti sociali, con propri valori inclusi. Lo scopo principale è quello di assicurare che questi valori conducano ad una società di informazioni più inclusa ed egualitaria, in cui queste tecnologie siano usate per migliorare una partecipazione democratica e ridare " potere" alle persone escluse socialmente (*empowerment*).

PUBBLICAZIONI CON TECNOLOGIE FORMATIVE PER LE PERSONE CON DISABILITÀ

Gli strumenti di istruzione e formazione sono disponibili in diversi formati: carta, audio e videocassette, CD-ROM, televisione e tramite internet. Tuttavia, la formazione in linea è diventata la modalità preferita per ottenere delle informazioni aggiornate. Con le sue caratteristiche di velocità e flessibilità, la formazione in linea trae vantaggio dall'utilizzo di una varietà di tecnologie che facilitano l'apprendimento e l'interazione fra i partecipanti.

Le tecnologie di formazione in linea includono:

• strumenti di collaborazione e di comunicazione sincrona ed asincrona come la posta elettronica, le liste di discussione, le bacheche elettroniche, i *forum*, le *chat*, le videoconferenze e le teleconferenze;

• ambienti interattivi, come le simulazioni, le esperienze immersive e i giochi;

• sistemi di valutazione e di prova comprese le autovalutazioni e le prove a scelta multipla.

Oggi i contenuti in linea sono di varia natura e possono includere: testi in un sito *web*, audio digitale, video digitale, immagini animate, ambienti di realtà virtuale. Questi contenuti possono essere creati in diverse modalità, utilizzando diverse varietà di sistemi di sviluppo.

Con l'avanzamento tecnologico, cresce anche la richiesta di accessibilità. Abbiamo video dappertutto, tuttavia i video sono sottotitolati per i non udenti o con difficoltà uditive? Tutti i video sono accompagnati da una componente audio che descrive le immagini agli utenti non vedenti o agli utenti ipovedenti? Tutte le applicazioni *software* offrono degli appropriati equivalenti di comandi tastiera agli utenti con limitazioni di mobilità o con problemi di vista? Tutte le immagini nei siti *web* hanno delle etichette (testo alternativo) per gli utenti che accedono ai contenuti con l'aiuto di applicazioni di lettura dello schermo? Come è possibile per utenti non vedenti accedere ad equazioni matematiche presentate come immagine, che quindi non possono essere lette dai lettori dello schermo? I protocolli per sistemi di valutazione sono abbastanza flessibili? Le pratiche amministrative, quali gli elenchi e la registrazione dei corsi, sono accessibili?

Non tutte queste domande hanno risposte basandosi sulle tecnologie attuali. Ma dobbiamo esaminare tutte le necessità di accessibilità per garantire l'accesso alla formazione in linea per tutti. In questo documento, a causa della brevità del testo, sarà possibile presentare solo un cenno della guida di riferimento per l'apprendimento accessibile. Queste linee guida includono:

- i problemi comuni di accessibilità relativi ad ogni tecnologia;
- pratiche che possono applicare gli sviluppatori di sistemi di formazione per

incrementare l'accessibilità per tutti gli utenti;

• pratiche che possono applicare i creatori di contenuti e/o i formatori per incrementare l'accessibilità per tutti gli utenti;

• risorse che forniscono le pratiche e le soluzioni migliori in uso.

ACCESSIBILITÀ

Una applicazione informatica, e in particolare un sito *Web*, sono accessibili quando il contenuto informativo, le modalità di navigazione e tutti gli elementi interattivi eventualmente presenti sono fruibili dagli utenti indipendentemente dalle loro disabilità, indipendentemente dalla tecnologia che essi utilizzano per accedere al sito e indipendentemente dal contesto in cui operano mentre accedono al sito.

Per dare un' idea di quanto sia ampia la definizione data, vale la pena di riportare gli scenari descritti nell' introduzione delle Linee Guida della Web Accessibility Iniziative (WAI) del World Wide Web Consortium (W3C).

" *Coloro che non hanno familiarità con i problemi di accessibilità che riguardano le pagine Web considerino che molti utenti possono operare in contesti assai differenti dal nostro:*

- *possono non essere in grado di vedere, ascoltare o muoversi o possono non essere in grado di trattare alcuni tipi di informazioni facilmente o del tutto;*
- *possono avere difficoltà nella lettura o nella comprensione del testo;*
- *possono non avere o non essere in grado di usare una tastiera o un mouse;*
- *possono avere uno schermo solo testuale, un piccolo schermo o una connessione Internet molto lenta;*
- *possono non parlare e capire fluentemente la lingua in cui il documento è scritto;*
- *possono trovarsi in una situazione in cui i loro occhi, orecchie o mani sono occupati o impediti (ad esempio stanno guidando, lavorano in un ambiente rumoroso, ecc.);*
- *possono avere la versione precedente di un browser, un browser completamente diverso, un browser*

basato su dispositivi di sintesi vocale o un diverso sistema operativo.

Gli sviluppatori devono considerare queste diverse situazioni durante la progettazione" .

Negli scenari descritti risalta l' attenzione prestata agli utenti con disabilità sia con riferimento esplicito ad alcune tipologie di disabilità sia con riferimento alle tecnologie di cui gli utenti con disabilità possono disporre per utilizzare un computer in generale e per navigare il *Web* in particolare.

È opportuno chiarire cosa si intende per persona con disabilità.

DISABILITÀ

Per le disabilità, l' Organizzazione Mondiale della Sanità (OMS) nella International Classification of Impairments, Disabilities and Handicaps (ICIDH-1, 1980) dà le seguenti definizioni:

• menomazione (*impairment*): qualsiasi perdita o anormalità a carico di una struttura o una funzione psicologica, fisiologica, anatomica;

• disabilità: limitazione o perdita (conseguente a menomazione) della capacità di compiere una attività nel modo e nell' ampiezza considerati normali;

• *handicap*: condizione di svantaggio conseguente a una menomazione o a una disabilità che limita o impedisce l' adempimento del ruolo normale per tale soggetto, in relazione all' età, al sesso, ai fattori socioculturali.

Nel 2001 l' OMS ha presentato un nuovo documento per la definizione delle disabilità, la International Classification of Functioning, Disability and Health (ICF [ICIDH−2], 2001) nella quale, in sostanza:

- si parla di " funzionamento umano" (*functioning*) in generale e non puramente di disabilità: si associa lo stato di un individuo non solo a funzioni e a strutture del corpo, ma anche ad attività a livello individuale o di partecipazione nella vita sociale;
- si passa da conseguenze di un " disturbo" a componenti della salute, raggruppandole nel " dominio della salute" (*health domain* che comprende il vedere, udire, camminare, imparare) e nei domini " collegati alla salute" (*health−realated domains* che comprendono mobilità, istruzione, partecipazione alla vita sociale e simili).

Il modello fornito è universale: non riguarda solo le persone con disabilità, ma tutte le persone.

COME LE PERSONE CON DISABILITÀ USANO LE TECNOLOGIE ICT

Per alcune tipologie di disabilità sono disponibili le cosiddette tecnologie compensative (o *enabling*).

Si tratta di strumenti *hardware* e/o *software* che:

- effettuano una conversione equivalente dell' informazione da un organo di senso ad un altro, ad esempio.
    - dalla vista (schermo del PC) al tatto (barra Braille per ciechi)
    - dalla vista (schermo del PC) all' udito (sintesi vocale per ciechi)
    - dall' udito (documenti audio) alla vista (documenti testuali) (riconoscitore vocale per disabili motori e sordi);

- consentono un diverso modo di utilizzare taluni dispositivi, ad esempio:
  - *mouse* speciali (per disabili motori)
  - tastiere speciali (per disabili motori);
- consentono di sopperire a menomazioni di una facoltà sensoriale, ad esempio:
  - gli ingranditori del testo sullo schermo del PC (per gli ipovedenti).

Per altre tipologie di disabilità non sono disponibili tecnologie compensative specifiche: l' accessibilità è in questi casi assicurata mediante l' utilizzo di particolari accorgimenti tecnici e redazionali nella realizzazione dei contenuti.

Si pensi, tra gli altri:

- agli utenti che hanno difficoltà nella percezione dei colori, per i quali, ad esempio, è necessario evitare di fornire informazione con il solo uso del colore e garantire un sufficiente contrasto tra testo e sfondo;

- agli utenti affetti da epilessie fotosensibili, per i quali, ad esempio, è necessario evitare di inserire immagini in movimento con determinate frequenze che potrebbero provocare l' insorgere di una crisi;
- agli utenti con difficoltà dell' apprendimento e del linguaggio, per i quali, ad esempio, è necessario, realizzare meccanismi chiari di navigazione ed utilizzare un linguaggio chiaro e semplice nella stesura dei documenti.

L' ACCESSIBILITÀ DEI CONTENUTI DEL WEB

Per raggiungere l' accessibilità dei contenuti di un sito *Web* e delle applicazioni così dette *Webbased*, si fa costantemente riferimento alle Linee Guida definite nel progetto WAI.

Il progetto WAI tratta della accessibilità del *Web* in senso lato e cioè non solo dei contenuti, ma anche degli strumenti con i quali realizzare le pagine *Web*, dei *browser* e più in generale delle tecnologie per l' accesso al *Web*.

Per l' accessibilità dei contenuti, sono di particolare importanza le Web Content Accessibility Guidelines (WCAG) versione 1.0, emanate il 5 maggio del 1999.

Si tratta di 14 linee guida in ciascuna delle quali sono presentati scenari tipici che possono presentare una difficoltà per utenti con disabilità. In ogni Linea Guida sono definiti un certo numero di punti di controllo (*checkpoint*) che spiegano in che modo la specifica linea guida è applicabile nello sviluppo dei contenuti. Le Linee Guida introducono il concetto di priorità ed il conseguente concetto di conformità. Entrambi i concetti sono così spiegati nelle WCAG:

" A ciascun punto di controllo è stato assegnato dal Gruppo di Lavoro un livello di priorità basato sull'impatto che tale punto possiede sull'accessibilità.

[Priorità 1]

Lo sviluppatore di contenuti Web deve conformarsi al presente punto di controllo. In caso contrario, a una o più categorie di utenti viene precluso l'accesso alle informazioni presenti nel documento. La conformità a questo punto di controllo costituisce un requisito base affinché alcune categorie di utenti siano in grado di utilizzare documenti Web.

[Priorità 2]

Lo sviluppatore di contenuti Web dovrebbe conformarsi a questo punto di controllo. In caso contrario per una o più categorie di utenti risulterà difficile accedere alle informazioni nel documento. La conformità a questo punto consente di rimuovere barriere significative per l'accesso a documenti Web.

[Priorità 3]

Lo sviluppatore di contenuti Web può tenere in considerazione questo punto di controllo. In caso contrario, una o più categorie di utenti sarà in qualche modo ostacolata nell'accedere alle informazioni presenti nel documento. La conformità a questo punto migliora l'accesso ai documenti Web.

Il rispetto di quanto indicato nei vari punti di controllo porta al concetto di conformità:

- *livello di Conformità "A": conforme a tutti i punti di controllo di Priorità 1*

- *livello di Conformità "Doppia-A": conforme a tutti i punti di controllo di Priorità 1 e 2*

- *livello di Conformità "Tripla-A": conforme a tutti i punti di controllo di Priorità 1, 2 e 3"* .

INDICAZIONI DELL' UNIONE EUROPEA

L' Unione Europea dà una grande importanza alla accessibilità dei siti *Web* delle pubbliche amministrazioni.

Nel Piano d' azione Europe 2002 (giugno 2000) si scrive espressamente che: " I siti Web delle pubbliche amministrazioni degli Stati membri e delle istituzioni europee e i relativi contenuti devono essere impostati in maniera tale da consentire ai disabili di accedere alle informazioni e di sfruttare al massimo le opportunità offerte dal sistema di amministrazione *on-line*" (obiettivo 2, punto c).

Successivamente, in più risoluzioni, il Consiglio d' Europa ha invitato gli Stati membri a porre in essere misure specifiche per raggiungere l' obiettivo della accessibilità dei siti *Web* delle pubbliche amministrazioni e ha indicato nell' adozione delle Linee Guida del WAI una di queste misure.

Sebbene non tutti gli Stati membri abbiano formalmente adottato le WCAG 1.0 per la realizzazione dei siti *Web* pubblici, è universalmente accettato il fatto che essi debbano essere conformi almeno al livello A come definito nelle Linee Guida.

LA LEGGE STANCA

Sulla Gazzetta ufficiale n. 13 del 17 gennaio 2004 è stata pubblicata la legge 9 gennaio 2004, n. 4, recante "Disposizioni per favorire l'accesso dei soggetti disabili agli strumenti informatici".

La legge Stanca contiene elementi che la pongono all' avanguardia nel campo della accessibilità perché:

- obbliga l' accessibilità dei contenuti informativi e dei servizi erogati dai sistemi informatici di tutte le pubbliche amministrazioni italiane e degli enti pubblici economici, delle aziende private concessionarie di servizi pubblici, delle aziende municipalizzate regionali, degli enti di assistenza e di riabilitazione pubblici, delle aziende di trasporto e di telecomunicazione a prevalente partecipazione di capitale pubblico e delle aziende appaltatrici di servizi informatici (art. 3);

- prevede l' obbligo per i datori di lavoro pubblici e privati di porre a disposizione del dipendente disabile la strumentazione *hardware* e *software* e la tecnologia assistiva adeguata alla specifica disabilità, anche in caso di telelavoro, in relazione alle mansioni effettivamente svolte (art. 4);

- prevede l' obbligo della accessibilità del materiale formativo e didattico utilizzato nelle scuole di ogni ordine e grado (art. 5);

- introduce le problematiche relative alla accessibilità e alle tecnologie assistive tra le materie di studio a carattere fondamentale nei corsi di formazione destinati al personale pubblico e prevede che la formazione professionale in genere sia effettuata tenendo conto delle tecnologie assistive (art. 8).

Nel Regolamento di attuazione (art. 10) e nel Decreto ministeriale (art. 11) sono indicati principi e criteri operativi e organizzativi generali per l' accessibilità e le linee guida indicanti i requisiti tecnici necessari.

RISORSE SUL WEB

www.pubbliaccesso.it

E' il sito di riferimento per le problematiche della accessibilità nell' ambito della Pubblica Amministrazione. Il sito ha la finalità di promuovere la massima accessibilità alle informazioni e ai servizi offerti dalle strutture pubbliche.

In linea con questo principio, il Centro nazionale per l' informatica nella Pubblica Amministrazione (Cnipa) ha istituito una segreteria tecnico scientifica a supporto della Commissione interministeriale permanente per l'impiego delle tecnologie dell'informazione e della comunicazione a favore delle categorie deboli o svantaggiate. La Commissione ha come obiettivo prioritario il superamento delle barriere tecnologiche

che oggi limitano le categorie svantaggiate, ed in particolare le persone con disabilità, nella fruizione dei servizi in rete.

http://www.welfare.gov.it/icf/it/index.html

Sezione del sito del Ministero del lavoro e delle politiche sociali dedicata alla promozione dell' utilizzo della Classificazione internazionale del funzionamento, della disabilità e della salute dell'Organizzazione Mondiale della Sanità, denominata ICF.

La documentazione originale si trova in una sezione del sito dell' OMS (in inglese WHOWorld Health Organization – www.who.int/en/), dedicata al progetto ICF (International Classification of Functioning, Disability and Health) all' indirizzo http://www3.who.int/icf/icftemplate.cfm

http://www.w3.org

Sito del World Wide Web Consortium (W3C). Il Consorzio sviluppa tecnologie interoperabili (specifiche, linee guida, *software*, *tools*) per sviluppare il *Web* nelle sue piene potenzialità. Tra i suoi progetti, l' iniziativa WAI (Web Accessibility Initiative).

http://www.w3.org/wai/

Sezione del sito del W3C dedicata all' iniziativa WAI e finalizzata a promuovere l' usabilità dei siti *Web* per le persone disabili. L' iniziativa, che raccoglie l' adesione di organizzazioni a livello internazionale, si articola su cinque aree di lavoro principali: le tecnologie, le linee guida, gli strumenti, l' educazione, la formazione e la ricerca e lo sviluppo.

http://europa.eu.int/information_society/eeur
ope/2002/action_plan/pdf/actionplan_it.pdf

A questo indirizzo del sito del portale dell' Unione Europea è possibile consultare – in italiano – il Piano d' azione eEurope 2002, preparato dal Consiglio e dalla Commissione Europea per il Consiglio Europeo di Feira, 19-20 giugno 2000.

http://europa.eu.int/eur-
lex/it/com/cnc/2001/com2001_0529it01.pdf

A questo indirizzo del sito del portale dell' Unione Europea è possibile consultare il testo – in italiano – della Comunicazione al Consiglio, al Parlamento Europeo, al Comitato economico e sociale e al Comitato delle regioni " eEurope 2002: accessibilità e contenuto dei siti Internet delle amministrazioni". Commissione delle Comunità Europee, Bruxelles 25.09.2001 COM(2001) 529 def.

http://www.innovazione.gov.it

Sito del Ministro per l' innovazione e le tecnologie. All' interno della sezione " Atti normativi e documenti", una parte è dedicata all' accessibilità: è possibile consultare la normativa italiana (inclusa la Legge Stanca), la normativa europea e la documentazione internazionale.

Il testo della Legge Stanca è consultabile anche sul sito www.pubbliaccesso.it, all' indirizzo: http://www.pubbliaccesso.it/biblioteca/norma tive/legge_20040109_n4.htm